어디서 와서 어디로 가는가

시산맥 해외기획시선 005

어디서 와서 어디로 가는가

시산맥 해외기획시선 005

초판 발행 | 2017년 11월 8일

지 은 이 | 이성호
펴 낸 이 | 문정영
펴 낸 곳 | 시산맥사
편집주간 | 김광기
편집위원 | 안차애 이성렬 전해수 정재분
등록번호 | 제300-2013-12호
등록일자 | 2009년 4월 15일
주 소 | 110-350 서울특별시 종로구 율곡로 6길 36,
월드오피스텔 1102호
전 화 | 02-764-8722, 010-8894-8722
전자우편 | poemmtss@hanmail.net
시산맥카페 | http://cafe.daum.net/poemmtss

ISBN 978-89-98133-07-8 03810

값 9,000원

* 이 도서의 국립중앙도서관 출판시도서목록(CIP)은 서지정보유통지원시스템 홈페이지(http://seoji.nl.go.kr)와 국가자료공동목록시스템(http://www.nl.go.kr/kolisnet)에서 이용하실 수 있습니다.

*본문 페이지에서 한 연이 첫 번째 행에서 시작될 시에는 〈 표기를 한다.

어디서 와서 어디로 가는가

이성호 시집

■ 시인의 말

사람들은 누구나 장단점을 지니고 있습니다. 나에게 꼽을 만한 장점은 없지만, 단점 중에도 가장 치명적인 것이 지구력 결핍입니다. 내 글쓰기는 인내력과 지구력을 위한 훈련이었습니다. 그래서 이민 초기 거인들 사이의 난쟁이 같았던 힘겨운 생활도 이겨냈고, 불편한 산장에서도 15년을 살 수 있었습니다. 그리고 이 산장에서 14년 동안 "윤동주 문학의 밤" 행사도 할 수 있어서 이제 내가 사는 곳이 윤동주의 시집 "하늘과 바람과 별과 시"가 있는 품격 있는 산장이 되었습니다. 내가 문인으로 나에게 칭찬할 수 있는 단 한 가지는 이민자로 이국땅에서 민족시인들을 기리는 일을 했다는 것입니다. 두 번째 시집 발간 이후 신문 칼럼도 열심히 쓰고 소설집 등 출간으로 열권을 채웠지만, 15년 동안 컴퓨터에 갇혀 있는 미숙아 "시"들에게 늘 미안했고, 시인이라는 호칭도 부끄러웠습니다.

산장에 살면서 캠핑차를 타고 미 전역에서 찾아드는 여행자 또는 캠핑차를 빌려 미국 관광을 하는 유럽 사람들을 만난 얘기, 그리고 하늘과 바람과 별 우리 집 갈대와 바람, 새들과 산 짐승들 외에 별 소재가 없었습니다. 봄이면 들꽃이 양탄자처럼 사막을 덮고, 모든 열매들을 익히며 더러운 것들을 다 태워 버릴 듯 작약하는 대지, 그 여름을 견디고 나면 내 생일과 함께 갈대가 피고, 3000피트의 높은 산장에서 겨울이면 무쇠 난로에서 적막을 깨는 장작 타는 소리, 창밖에 내리는 눈을 바라보며 군고구마와 같이 마시는 커피 맛, 사계절이 분명한 곳이면 일상일 수 있겠지만, 여름 내내 비 한 방울 오지 않는 사막에서는 겨울비와 눈 오는 날은 가슴 적시는 낭만이며 축복입니다. 미국까지 와서 한글에 매달린다는 아이들의 빈정거림을 무시하고, 모국을 떠남으로써 설음받는 우리말과 글이 더 소중해서 녹슨 은쟁반을 곱게 닦아 담아봅니다. 나는 참 인덕을 많이 갖고 태어났습니다. 훌륭한 부모님과 형제들은 물론 늘 내 주위에는 좋은 친구들이 늘 있었습니다.

특히, 소설을 쓰면서 김용익 교수님과 최태응 선생님을 개인적으로도 만나 뵐 수 있었고, 아틀란타 문인회의 초청으로 그곳에서 박남수 선생님을 만났는데, 그 후 필라델피아 내 친정 갈 때면 뉴저지에 사셨던 선생님을 뵙고 인생의 지침이 될 가르침을 받을 수 있었고, 신문칼럼을 쓰면서 샌프란시스코 주평 선생님과 그리고 가까이 계셨던 오영민 선생님의 사랑과 격려도 많이 받았습니다. 모두 오래전 고인이 되셨지만 굳이 내가 이 귀한 선생님들과 교류 할 수 있었던 추억을 떠올리며 내 문운을 자랑하고 싶은 것은, 스승과 선배에 대한 존경이 없어진 이 세대에 이런 훌륭한 분들을 기회 있을 때마다 기억하게 하고 싶어서입니다.

젊지 않은 나이에 시집을 엮으니 아름다운 날들의 회상으로 내 눈이 젖습니다. 늘 곁에서 도와줘도 고맙다는 말 듣지 못해도 나의 글쓰기를 인정해주며 14년 동안 "윤동주 문학의 밤" 행사 준비를 해 준 남편과, 오랜 세월 변함없이 행사를 같이 해온 조만연 이사장님과 조옥동, 김호길, 장소현 시인님들과, 약속대로 늘 물심양면 도와 준 이희숙 사장과 내 친구들께 감사드립니다. 특별히 오랫동안 나의 "시"를 지켜보고 해설을 해 주신 최연홍 박사님과 세 번째 시집을 엮게 해 주신 문정영 "시산맥" 발행인께 진심으로 감사드립니다.

– 2017년 늦가을 이성호

■ 차 례

3부 / 산안개에 숨겨진 산성

4부 / 젖지 않는 마음들

1부

갈대

갈대

흔들리는 것이 갈대라 하더냐
엄동설한에도 버티고
작열하는 그 긴 여름 땡볕에도
사막의 물기를 빨아 속 채우는 일
아무 풀들이나 할 수 있는 일이더냐

아! 소소한 가을바람 부는 날
내 앞에 서 보라
그대 생애에 언제
나만큼 자유로워 본 적 있었는가,
살다가 부딪친 고통
가슴 아픈 일
생이별
야망과 욕망,
내 앞에서 떨쳐버려라
오늘까지 잘 견디며 장하게 살아왔다고
그대를 위해 벌리는 군무
달빛 아래 무도회

흔들리는 것이 갈대라 말하지 마라
그대 손에 나는 절대 꺾이지 않으리니.

캘리포니아 갈대

모여 살아도 따습지 않고
부비며 지나도 허허한 마음
하늘 휘저으며 몸부림쳐도
잊혀지지 않는 강산아
훌훌 갈꽃으로 날아가도
바람벽에 부딪치는 고향

서러운 바람결에
퉁소소리 들린다
날 부르는 소리
어제는 강마을 갯벌에서
야윈 갈대와 서걱이다가
간밤에는 진달래 만발한
언덕에서 뒹굴었지

태평양 기슭
청석돌산 벼랑에 발돋움하고
망부석인 양
긴 목 드리우고

보랏빛 기별 기다린다

모여 살아도
그리움은 나날이 짙어가고
기대고 마주해도
돌아앉는 타인의 등
훌훌 갈꽃으로 날아가도
바람벽에 부딪히는 고향.

제주도 갈대

안과 병원에서
내 시야에 들어오는 것
보이는 그만큼이 실증이라 했다
그런데 제주도에서 보고 온 갈대는
시도 때도 없이 어른거린다
모든 채색들을 기죽이는
그 무색의 자존심
눈 감으면 바람 소리와 함께
더 선명한 갈대군락
그 바닷가

왜 제주의 돌들은 검고
작고 큰 구멍들을 지니고 있을까
남자를 바다로 보내고 애태우느니
차라리 자신의 물질이 낫다고 생각하는
제주 여자들의 심장이 저렇게
송송 구멍 나 있을까
그래서 가라앉지 않고 잘 떠오를까
뭍에서 제주로 시집 와

시집살이 50년
시어머니까지 모신
친구의 심장도 저렇게 구멍이 뚫려 있으리

토한 용암으로 모든 아픔 덮으려 해도
바람의 심술로 덮이지 않는 상처
그 분화구의 고통을 달래는 춤꾼들
제주도 갈대,
가냘픈 몸매라도 꺾을 장사 없으리.

어디서 왔다가 어디로 가는가

RV(캠핑 카) Park에서 만나는 사람들은
첫인사, "어디서 왔다가 어디로 가는가"
어디에 있는 집으로 간다는 사람들은 여행자이고
철새처럼 철 따라 다니는 사람들은 캠핑차가 그들의 집
싯가 백만 달러가 넘는 호화 캠핑카도 있고
몇 천 달러짜리 낡고 작은 캠핑차도 있다
세상살이 어느 곳에나 빈부 차이 있지만
삶의 가치에 따라 행, 불행이 달라진다
여름이면 캠핑차를 빌려 미 전역을 여행하는
유럽 손님들까지 때로는 우리 리조트가 작은 우주 같기도 하다
처음 만나도 오랜 친구처럼 다정한 얘기를 나누는 이웃이다가
아침이면 모두 인사도 없이 제 갈 길로 떠난다

캠핑차가 집인 그들은 등록된 자기 땅이 없어도
어느 캠핑장이든 땅세를 내고 세우는 곳이 자기 땅이 된다

2년이면 미국을 한 바퀴 여유 있게 관광할 수 있다니
온 미국 땅이 그들의 것이고
손수 가꾸지 않아도 사계절 자연 경치를 만끽하며 산다
몇 십 년 같이 다니는 부부도 있고
생각과 생활의 공통분모 때문에 동거하는 쌍쌍도 많다
오늘 함께 살아도 언제 헤어질지 모르고
아예 다른 캠핑차로 같이 여행하는 싱글족도 많다
구구절절 사연 많은 사람들,

캠핑차를 타고 정처 없이 다니는 사람들만 나그네일까
이 땅에 잠시 머물다 떠날 때는
인사도 없이 가야 하는 우리들
"어디에서 왔다가 어디로 가는가"

고갱의 그림 한 폭.

무소유의 소유

가을에는
“오쏠레미오” 곡을 부를 때도
클래식 기타를 곱게 튕기며
순하게 노래 불러라
하늘은 높고
구름은 가벼워지고 있네
모든 현악기 현을 풀어라
오늘은 피아노 조곡이 편하다
내 몸이 가벼워진다
영혼도 가벼워진다
깃털처럼 하늘로 날아간다
내 안에는 재산 될 만한 비밀도 없고
깨어질 소중한 도자기 하나 남은 게 없다
오늘 저 높고 푸른 하늘은 온전히 내 것이니.

갈꽃

소슬바람에
교태 내는 갈대라도
흔들리는 여자로 보지 말라
바람으로 갈아온 무수한 긴-칼날
서슬 퍼렇게 날 세운 잎사귀 거느리고
그 속에서 피는 갈꽃
누가 감히 속살 헤집으랴
잡초처럼 살고 싶지 않은
자존심
잡초와 구별되고 싶은
정조
맨 가슴에 비비고 싶은
솜털 같은 유혹
유유자적 허허한
그 평화로움.

바람의 고향

바람, 너의 침묵은
함성보다 두렵다
너 없는 산은
언어 잃은 나무들의 무덤
너의 숨결이 끊어진 사막은 분노에 이글거리고
너 없이 의미심장한 바다
그 속마음 알 수 있을까

시간으로 일렁이며
세월로 흔들리고
역사로 소용돌이치는
삶의 바람이
웃음과 울음의 씨앗을 뿌리니
네가 잠들기를
바람은 희노애락을
거부하는 것이리라

바람 더러 제 멋대로 라고 말하지 말라
바람의 뼈 속에는 부질없이

끊어지는 사랑이나
자를 줄 모르는 미움 줄도 없다
함부로 펄럭이며 나부끼는 것은
가벼운 깃발들이니

태풍의 눈은 인내로 길들여 있어도
더 이상 봐 줄 수 없는 짓들을
용서하지 않는 분노,
에덴동산에서 쫓겨 나오던 때를 상기하라

새털구름 수놓으며
복사꽃 그늘에 아가 잠재우는
포근한 입김
바람, 제 고향에 머물게 하라.

사열식 이후

내가 9월을 기다리는 이유는
갈대가 피기 때문이다

우리 산장 입구 양편에
사열병처럼 도열하고 있는 갈대
모여 살아서 더 부유하고 아름다운
당당한 무색의 화려함이
지나간 시대 흑백 영화만큼 인상적이다
바람은 와서 부드럽게 머물다 간다
사열식 뒤로
푸른 하늘이 걸려있다

온몸으로 환영하는
너 앞에 서면
패잔병이었던 내가
어느새 개선장군이 된다
쏴아, 바람결에 들리는 승리의 노래
전쟁에서 살아나온 병사들이
보무도 당당하게 땅을 구르며

가슴 내밀고
나는 경건한 거수경례로 사열 받는다

황혼의 장엄한
그 사열식 뒤에
점점 짙어지는 그리움
못 다 이룬 사랑
흩날리는 갈꽃처럼
"아아, 아아, 너도 가고 나도 가야지"

*박목월, 김성태의 "이별의 노래" 후렴 중.

기약

장미가 피어 있는 동안은
아무리 추워도 겨울이 아니다
낙엽에 덮여 있는 장미 한 송이
그렇게 피어났어도 사는 걸까
홀로 그렇게 피어났다 쳐도
한세상 살았다고 할 수 있을까
금방 낙화가 될 장미를 꺾어 화병에 꽂아놓고
나는 그 장미의 구원자가 되었다
봄을 기약하는 자존심은 꺾지 않았다

떨리는 손으로 목발을 짚고 겨우 걷는
한 노파가 일 년 후의 캠핑을 위해
예약금을 내고
감색 노을 속으로 절룩이며 사라지고 있었다
오늘의 작별 만종의 여운을 깨고
울리는 전화를 받았다
며칠 전에 만나 깔깔대던
건장했던 친구가 세상을 떠났단다

〈

삶은 죽음을 약속하고 태어난 것
죽음은 삶을 통과해야만 의식,
불변의 기약인 것을.

모과차를 마시며

뽀오얗게 살이 오른
너를
까아만 자개 병에 꽂아놓고
모과차를 마시며

바람에 흔들릴 수 없는
너는
갈대가 아니었어
파스칼의 갈대도 될 수 없었어

바람도 탓하지 말고
꺾어온 나도 탓하지 말고
가을 서재에
한 장의
책갈피로 남아라.

해바라기

해바라기 꽃 한 아름 꺾어 병에 꽂아
거실 탁자 위에 놓았다
해 없이도 집 안에서
며칠 생생하게 버티고 있다
해바라기를 못 해도 해바라기 꽃일까

바라는 게 많을 때는 고개를 쳐들었는데
하나둘 고개 숙여지는 것이 때를 알리고
사노라면 시나브로 꺾일 때도 있으니
바람이 있어 사는 걸까
살아 있어 바라는 것일까

내가 해바라기하고 살아왔는가
나의 해는 어느 하늘에 떠있던가
집 안 꽃병에 꽂힌 해바라기
해바라기야, 해바라기 꽃이야

반 고흐의 해바라기는 꽃병의 해바라기였나
빈 들판의 해바라기였나.

갈대 소묘

사랑 같지 않은 사랑이야
허허하게 떠다니는
마른 갈대 같은 것

그래도
사랑보다 더 거센
폭풍우 없으니

혼불
살구며 잠재워도
바람은 사랑같이 멎을 수 없어라.

꽃자리

홍매화 피 뿜어낸
꽃자리에
내가 첫울음 울었고

복사꽃 핀 꽃자리에
홍역 앓은 사랑

파초꽃 핀 자리
이글거리는 청춘

갈꽃 훌훌 날아간
그 꽃자리
기약 없는 입맞춤.

겨울나무

더 벗을 옷이 없다
이제야
깊은 뿌리에서 하늘 닿은 가지까지
오르내리는
수액과
숨결만 남았다

돌아보지 마라
지나간 봄의 신록과
한여름의 초록을 돌아보지 마라
그때 첫눈이 내리리라

빈손 하늘 향해 모으고
묵상하는
겨울나무의 깨끗한 기도.

갈대숲

마냥 울고만 싶었던 세월을
얼리고 참았더니
안으로 안으로
눈물이 되어 심장을 뚫었다

초저녁 별자리만 바뀌어도
그리 쉬이 눈가에 맺히던 이슬이
어느 세월 바람에 말라
정마저 가뭄이 들었다

그 헤프던 울음도 그치고
쇠퇴한 세포가 메마른 땅으로 갈라져
마른번개가 칠 때마다
온몸을 할퀴는 쓰라림

밤마다 바람에 마른 갈대숲의
몸부림 소리.

갈대와 바람

바람은
갈대숲에 숨어사는 물새들
집에 오래 오래 머물고 싶어 한다.

2부

달무리 사연

달무리

분명치 않은 것들이
때로는 더 아름다울 수 있다
꿈처럼 메아리처럼
흐려진 동공으로 보는 초록 들판에
은방울 흔들리면
보얗게 퍼지는 하얀 종소리가 보이는 듯
선명하지 않은 세상도
파스텔컬러를 배합해 놓은
캔버스처럼 보면 되리니

청명한 하늘에
말갛게 홀로 떠 있기가 민망할 때면
모든 불확실성을 모아 휘감고
투명한 진실이 외면당할 땐
서리꽃 피워
둥그런 적막 덮는다

성한 눈들이 지치고 시려
옥구슬 머금으면
세상 눈 닿는 곳마다
달무리 선다.

편두통

60여 년간 금이 나 있는 허리뼈
하나 때문에
밤낮구별 없이 줄곧 걸리더니
태평양 건너면서
덤으로 얻은 또 하나의 병
아메리카 대륙은 나를 걸리버 여행기의
난장이로 만들어 버렸다
칼날 같았던 성질도 누그러지고
빳빳했던 목의 풀기도
절로 스러져 버렸다
그러던 것이 어느 날부터는
뾰족한 못으로 변해
내 가슴깊이 박혀왔다
사흘마다 마음은
태평양을 넘나들어도
시린 등 누일 따뜻한 온돌 한 장 없었다
날마다 불끈 쥔 주먹
빈 코트 주머니에 찔러 넣고
초저녁 하늘을 우러러 본다

서러운 달무리 내려앉은 뒤
사립문에 기대어
베적삼 오지랖 적시던 할머니
모습이 아롱거린다
편두통을 앓으며
오늘을 천천히 지나가며.

손자와의 대화

컴퓨터에 밀리고
iphon 작동에도 벌벌 떨며
스피드 시대가 어지러운데
여덟 살 손자(인큐베이터에서 석 달 자란)의 시험문제에
영어도, 실력도 딸려 머리가 하얗게 됐다

나는 미국에서, 손자는 홍콩에서 제주도로 와서
오랜만에 만나 호텔에서 식당으로 가는 사이
손자가 뭐를 자꾸 묻더니
갑자기 한국 역사를 말하란다

5000년 역사에
아름다운 삼천리 금수강산
그래서 이웃 나라들이 늘 탐내서
어려움을 많이 겪었던 나라지만
그래도 남의 나라를 먼저 침범하지 않은
착한 사람들이 사는 조용한 아침의 나라
제 말과 글이 있고
노래와 춤 예술이 뛰어나고

자랑스런 삼성도 있고
아빠같이 능력 있는 사람들이 많은 나라
(손자는 아빠를 아주 훌륭한 사람으로 믿고 있어서)

믿는 둥 마는 둥 귀담아듣지 않는 것 같았다
"그럼 대표 동물은요"
"호랑이"
"호랑이? 호랑이 없는 나라가 어디 있어 할머니"
"한국 호랑이는 달라, 겉모습은 비슷하고
몸이 좀 작은 듯해도 매우 날렵하고 용맹 있는
한국 호랑이는 아이삭,
너같이 영리하고 민첩하단다"

미국, 캐나다, 일본, 홍콩을 옮겨 살면서
또 아빠 엄마를 따라 여행을 많이 다니고
신문과 인터넷을 통해서 어느 정도 알고 있다
"그렇게 훌륭한 나라가 왜 일본에게 나라를
빼앗기고 온갖 고생을 했어요?"
(제 아비가 늘 너는 잘난 한국인이라고 강조했기 때문인지)

"봤지? 일본은 늘 지진이 많아서
한국을 빼앗으려 했지만
결국 우리가 싸워 이겼잖아"
고개를 갸우뚱거리더니
"그럼 왜 남북으로 갈라져 싸워요?"
6.25 사변도 맥아더 장군도 잘 알고 있으면서
(손자는 학교에서 맥아더 장군에 대해 연구 발표할 때 맥아더
장군의 군복 그리고 선글라스 그의 담배 파이프까지 착용을 했었다)
결국 역사에서 빼고 싶은
이 두 가지를 묻고 싶었던 것이다

내가 열세인 것을 알고 아들이 얘기를 끊었다
"아이삭, 식당 저기 보이네, 할머니 피곤하니
나중에 인터넷으로 찾아봐.
한국이 얼마나 좋은 나라인지"
살다살다 이렇게 진땀나는 시험은 처음이다.

달 없는 밤

산안개 낀 밤
구름 뒤에서
서서 날 지켜보고 있는
당신
그 은은함이 든든하지만
때때로 구름 사이로 별들 앞세워 내민
눈 맞춤이 더 정겹습니다
사랑이 눈에 보이는 것 아니고
사랑에 광채가 있는 것도 아닙니다
빛으로 마음을 읽지 않습니다
보름달 같은 사랑이 없다는 것을 압니다
그대 곁에 있음이 사랑입니다
바람 부는 산장
긴 겨울밤에
당신의 숨소리를 들으면
달 없는 밤은 없습니다.

엄마의 휴대전화

기다림은 원래 마음속 깊이 숨어있었는데
이제 손아귀에까지 나와 있다
그리고 환청으로 들린다

나라 없는 설움 안고 만주까지 쫓기던
남편을 위해 늘 기도하고 성경 읽으며
낮에는 항아리를
밤엔 장롱을 닦으면서
바람 소리도 귀담아들으시던
우리 엄마,
그렇게 기다리게 하던 님은 가고
이제 배고픈 아이처럼
자식들을 기다리며
해가 지고 달이 기운다

하루 종일 벙어리인 휴대 전화를 꼭 쥐고
7남매의 목소리에 귀 기울이는
97세 어린 아이,
1번만 누르면 일곱 번째로 낳은

아들 음성을 들을 수 있건만
아들 시간 아껴주려고
용감하게 뽑았던 손가락을 접어 넣는다

우리 엄마는 3대독자가 사준 휴대폰을 품고
나는 고등학교부터 기숙사에 살며 늘 멀리 사는
보고 싶은 아들이 사준 휴대폰을 손에서 놓지 않는다
기다림은
예나 지금이나 엄마 몫이다
엄마아……
불러도 들어도 행복한
그 이름.

화실에서

동생의 화실에 들어가면
나도 캔버스 위에 한 점이 된다
오늘은 무슨 색으로 조화를 이루는지
슬픔은 얼마나 진하고
기쁨은 얼마나 밝았는지

수천 만 가지
삶의 색상이
아우러져 작품이 되고
잿빛 허무를 덧칠해도
붓끝의 쓰라림이 행복이라면
붙일 곳 없는 마음은
칠해지지 않는 빈 화선지인가

오늘은 홀로
긴 겨울밤 바람을
무슨 색으로 덧입히고 있을까
그 짙은 색의 절규
그리움의 응고

이젤에서 벗어날 수 없는
불 꺼지지 않는
그녀의 화실.

어느 하루

꽃샘바람이 세차게 불어
빈 새둥지가 떨어져 바람에 뒹굴고 있다
새들이야 모든 나무는 모두 저들의 집터이니
텃세 낼 걱정도
건축허가도 없이 널브러진 재료로
제 몸에 맞게 집 지으면 그만인데
하루아침에 둥지 잃은
새 때문에 가슴 아파하는 닐

닐은 다리를 절룩이는 불편한 몸에
작고 낡은 츄레일러가 전 재산이지만
늘 신나고 웃음 잃지 않고 사는데
요즘 츄레일러 세워놓은 땅세를 못 내서
아리조나 사막으로 정처 없이 떠나야 하는데
그의 츄레일러 처마에 까놓은 새알 때문에
그 새집을 마련하느라 자기 이사 날짜를 미루었다

만물의 영장들이
미물들의 지혜만 못해

제 몸에 맞춰 살지 못하고
온갖 호화시설로 꾸며진 큰 집에서
쫓겨 나와 가족들과도 뿔뿔이 헤어지고
이 넓은 땅에 몸 누일 곳 없다는 제프

한갓 명주실같이 가녀린 명줄 하나
간수하기가 오늘따라 왜 그리 부담스러운지
“시” 따위로 고민하는 것은 삶의 반역이다
시인은 시 쓰기를 거부하며
슬픈 오늘에게 대들고 싶은데
바람에 일렁이는
잎새들의 스산한 대답만 들릴 뿐
어제와 오늘이 내일에게
굴복할 날만 기다리는데
담 너머서 들려오는 구급차마저 목이 쉬고.

쉐도나

세계에서 가장 "기"가 세다는 쉐도나를
아들이 마련해 준 지도대로
이곳저곳 둘러 도착했다
쉐도나의 붉은 종 모양의 산을 오르며
바위 몸에서 뿜어내는 기를 머금었다

봄 산은
작은 들꽃으로 옷 입고
첫아기 순산한 여인같이 물오르고
초록 잎새마다 태양욕으로 반들거린다
기기묘묘한 바위 끝이
모두 피뢰침같이 전기가 오르고
찌릿찌릿 감전당한 내 목청은
스피커처럼 찬양이 터져 나오고
끝내 산 중턱에서
그분께 감사의 무릎을 꿇었다

"Happy mother's Day
엄마 좋은 것만 보고 기쁜 생각만 하고

제일 좋은 식당에서 맛있는 것만 골라 드세요
이 아들 카드로요”
아들이 새로 바꿔 준 Cell Phon에서 나오는 말
세계에서 가장 “기”가 세다는
쉐도나의 “기”보다
온몸을 전율시키는 전화 속의 아들 목소리
그 “기”가 백배나 더 세다
금방 잡다한 근심도 실어가고
마디마디 삐걱거리는 아픔마저 씻겨 나갔다.

인연

친구가 멕시코 바하 해변에서 잡은
살아 있는 큰 조개를 갖고 왔다
그 정성을 헤아려서
나는 부산 앞바다에서 건진
최상품 기장 미역을 넣고 국을 끓였다
그렇게 멕시코 조개와 한국미역이
절묘한 맛의 궁합으로
내 국 사발에서 만났다

진주를 품어보지 못하고 명을 다한 조개
진주의 꿈을 버리지 못한 뽀얀 진액이
주옥같은 시 하나 건져보지 못한
시인의 국 사발을 한으로 채운다
그 바다랑은 다 잊고
내 행복한 미각의 끝을 꾸짖지 말아다오

지구 남쪽 북쪽 끝에서 온 사람들과도
한 몸이 되기도 하고
생사고락을 같이하며 어우러져 사는데

만난 듯 헤어져야 하는
아쉬움의 고리고리
연속되는 이별 연습
잘못된 만남이 어디 있으랴
만남은 가꾸는 것이니
잊을 수 없는 만남
애석한 이별보다 더 아름다운 것 없으리.

병상일기

필라델피아에서 엄마가 입원하는 날
나도 UCLA 병원에 입원을 했다
필라 병원에서는 엄마가 가장 사랑하는
3대독자 아들이 병상을 지키고
나는 내 목숨보다 아까운 아들이
내 병상을 지켰다
몇 시간 수술하는 동안 가장 편안한 딴 세상에서 쉬었고
수술 부위의 통증은 진통제로 해결됐다

나는 100세 엄마의 병환보다
친정 기둥인 동생이 몸져누울까를 걱정하고
나를 위해 뭐든 다 해 주려고
피곤함을 감추며 내 병상을 지키는
중년의 내 아들이 안쓰러워 가슴 에인다
아, 이 아픔에는 진통제가 없었다
내가 늙어가는 것보다
나이 들어가는 아들이 아까워
내 병상 일기가 촉촉이 젖는다.

바람 부는 날

바람 부는 날은
창가에 기대선다

창 넘어
나뭇가지에
찢어진 연이 떨고 있다

잘못 산
여자의 나이가
노을 속에 나부낀다.

새날의 소망

태초로부터 몇 억 년 동안
바뀌지 않은 것이 고맙다
해가 새것 일 수 없다는 것을 알면서
새 달력으로 새해라 호들갑 떨고 있다

거대한 아시안 잉어는
미국 오대호에서 사람 키만큼 자라서
토박이 고기들과 산천의 생태를 위협한다며
나라가 떠들썩하다
미국산 잉어는 한국 하천에서
한국 토종물고기들을 다 잡아먹으며 왕 노릇해서
두 나라가 서로 이민 온 물고기들 퇴치에
열 올리고 있단다
말도 생각도 없는 잉어는 이민 가도
그 물에서 기죽지 않고 잘 산다는데
내 40년 이민 생활은 아직도 서러운 게 많다
그래도 당신과 울고 웃으며 맞이한
또 새로운 날

〈
내 감정의 줄자에 의해
한 해가 지칠 만큼 긴 것 아는데
화살같이 빠른 세월들
행복은 쉼표처럼 숨 고르고 지나갔다
극도의 고통을 겪은 만큼
행복이 더 찾아온다니
내 아픔 기억하는 당신
소망은 고통의 애벌레인가
약한 듯 강한 생명의 힘
새해 소망은
오대호 아시안 잉어처럼
자자손손 대 이어 이 땅에서 번성하기를.

다른 이유

한 남자와 50년 넘게 살았다는 것
내가 나에게도 자랑할 만하다
모든 게 딴 세상같이 변했고
쉬 싫증을 느끼는 세상에서
그 오랜 세월
꼬집고 으르렁거리면서도
짝 바꾸지 않은 것이 신통방통하다

태평양을 사이에 두고
오랜만에 만난 시집 식구들은
새댁 때처럼 서먹했다
80 된 남편이
100세 시어머니와 손아래 시누이한테
먼저 몇 일간 여행하고 왔다는 말을 못 하고
어제 왔다고 말을 얼버무렸다
왜, 평소 할 줄 모르는 거짓말을 했을까!

내 아들은 우리 앞에서 부부끼리
뽀뽀도 하고

돌아다닌 여행지 자랑도 하고
내 며느리는 시어미가 차려주는 밥상을
공주처럼 받아먹을 때도 많은데
나는 왜 안 되는 걸까

내 시집과
내 며느리의 시집이
다른 이유
새삼 그것이 알고 싶다.

밤비

사막에 내리는 비를
맞아 본 적 있는가
잠결에 들리는 사막의 빗소리는
땅속의 모든 생명들이 사랑을 나누는
축복의 시간이다
인큐베이터 아가들에게
성장 촉진제가 된다는 모찰트의 음률
내 청각 세포들이 각을 세우고
내 몸을 뒤집어 가며 골고루 적시는 밤
모두에게 축복으로 젖어라

세상이 못마땅해서 불만이 많은 막내는
평안히 잠들고 있는지
늘 삶의 무게가 무거운 동생도
이 빗소리를 듣고 있겠지
어쩌면 돌보고 있다는 노숙자들 때문에
잠 못 들고 있을 것이다
가랑잎처럼 메마른 사람들
지글지글 속 태우는 사람들

사막이 젖어 생명을 얻듯 모두 젖어라

내 귀엔 두런두런 책 읽는 소리
생각나는 사람이 있다는 것
시를 쓰며 밤을 밝힐 수 있는 것
그래서 태양은 더 눈부시다.

자매

눈이 내리네
창 안에 분홍빛 양란이
소란한 세상과 아랑곳없이 피어 있고
오랜만에 만난 자매는
어느새 유년의 마을 동화 속에서
하얀 꿈을 꾸는 공주가 되었다

어지러운 탁자 위엔
금박한 커피잔
지구촌 곳곳에서 들려오는
전쟁과 지진 허리케인 소식
뉴욕 월가의 돈 얘기로 덮인 신문들
시간을 재촉하는 청구서 봉투들
창밖으로 내던져진 자매의 눈동자
모아온 얘기들 위에 쌓이는 눈
시계 초침 소리와 심장박동의 이중주

다시 눈 감고 귀 막으니
색동 꿈 달려오고

깊이 패인 발자국마다
쌓이는 생각의 파편들
탁자 위 마주 기댄 어깨 위엔
격정의 세월만 흐느끼고
눈이 내리는데
눈이 내리는데.

세 발 토끼

아침 산책길에
뒷다리가 하나뿐인 토끼가
나를 보고 도망치는 것을 보았다
그 세 발 토끼를 보는 내 손에 진땀이 났다
구차스런 삶을 받아들여
안간힘으로 버티는 토끼를 살피기 시작했다
그런 나를 적으로 알고
절룩이며 도망가는 토끼를 보며
쉬 큰 짐승들의 먹이가 되지 않아 보였다
긴 여름 내내 건재 하는 그 토끼를 보며
나태해지려는 나를 채찍질했다

사는 일은
무엇을 얼마나 더 빨리
더 많이 가 아닐 것이다
아이들은 어른 흉내를 내고
기저귀 찬 유아적인 성인들이
지도자가 되겠다고 설치고 있으니
사지 멀쩡하다고 다 정상은 아니다

기회만 보고 약게 머리 몸 굴리는 자들
세월의 길이를 잰들 무슨 소용이랴

이솝이 이 세 발 토끼와 거북이를 경주시켰더라면
그때 분명히 토끼가 이겼을 것이다
모자람이 넘침을 부끄럽게 하느니.

이솝이야기에 나오는 "거북이와 토끼"

3부

산안개에 숨겨진 산성

산장의 새벽

산안개 퍼지는
기상 나팔소리
밤에서 부화하는
새벽

밤과 낮이 악수하며
낮을 부축하여 일으키고 물러나는
밤의 갸륵함이
풀 이슬에 새벽 별빛으로 남는다

사람이면서
때때로 산짐승보다 사람을 피하고 싶은
씁쓸한 고독의 맛으로
읽어 주지 않는 시를 쓰는
시인도 부끄럽지 않은 시간

산장의 새벽은
세상 모든 힘 센 것들이
고개 숙이고,
하늘도 귀 기울이는
배반할 수 없는 시간.

나팔꽃

서울 한 대형교회 중년 목사의 부음을
아침 뉴스에서 들었다
텔레비전 화면에 그분을 존경하는 수많은 사람들이
귀한 보석을 잃었다고 애통해 하고 있었다
그 뉴스 다음에는 노령화 문제를 다룬
구차한 노인들의 화면이 나왔다

낮에는 몇 년째 암과 투쟁하고 있는
친구의 병세가 기적같이 좋아졌다는 낭보를 들었고
밤에는 99세 우리 엄마가 심상치 않다는
다급한 연락을 받았다

살기 위해 사는
살아야 해서 이어지는
이 생명
간밤에 거미에게
내 생각을 다 파먹히우고
빈 뇌로 출근을 했다

〈

사무실 앞에 활짝 핀 나팔꽃 한 송이
이 아침에 유난히 빛난다
간밤의 절망과 슬픔들
밤이 깨어나면 아침이라 믿는
희망의 삶
환하게 웃는
영어 이름 데로 "morning glory"
짧은 아침의 영광을 찬양하며
최선을 다한 후회 없는 삶이
하늘이 내린 내 운명인 것을
그 아침의 영광 결코 짧지 않으리니.

나그네

초라한 츄레일러 하나가
잿빛 땅거미를 헤치고 다가왔다
몸도 지갑도 삭은 한 노파가
하룻밤 쉬어가잔다
그 츄레일러가 그녀를 싣고 다니는지
그녀가 츄레일러를 업고 다니는지
２０년 동안 혼자
그렇게 미 대륙을 헤매고 다녔다
삶의 무게
눈에 보이지 않는 짐은
보이는 짐보다 더 무거우리
하룻밤 제 땅인 곳에 차를 세우고
저린 가슴
삭은 심지에 불씨 당긴다

어두울수록
더 깜박이는 기억들
해를 삼킨 산의 침묵
탄식으로 달래는 그리움은

밤 속에 꿈틀거리고
사연 많은 나그네는
밤이 편하다
해 지는 저편 찬란한 그곳이
나그네의 고향이니.

무쇠난로

앞산에 쌓인 눈바람이
낡은 무쇠난로에
장작불을 지피게 한다
차디차고 볼품없어 덮어놓았던 난로가
금방 외할머니 품처럼 포근해졌다
주전자에 대추차 끓는 소리
사그락 사그락 진눈깨비 내리는 소리
탁탁 장작 불꽃 튀기는 소리
가야금 연주 소리같이 온 산장에 퍼진다

고운 친구가
큰 수술을 하고
생사의 갈림길에서 신음하고 있는데
나의 이 평화로움이 너무 사치스럽다
장작불은 불꽃으로 타다 사그라지고
사랑은 이글거리다 식어간다
말수도 없이 늘 겨울 난로같이 따뜻한 그녀
그녀의 따뜻한 입김에
식구들이 이웃들이 오순도순 모여드는데

그녀 대신 모두 그녀의 난로가 되어야 한다

벗들이여 모두
두 손 모아 기도로
엘리아의 재단에 내린
성령의 불꽃으로
그녀의 몸속 더러운 것들을
다 태워 소멸시키게 하자
춥고 외로운 이들의 난로
그녀가 오래오래 이 땅에 머물러야 한다

난로가 식으면 난로가 아니듯
따뜻하지 않으면 살아 있는 사람이 아니다
장작은 타 버려도
사랑의 불꽃은 영원하여라.

맞지 않는 계산

우리 동네 피라미드레이크에서
오랫동안 살아남았던 메기가
낚시 초짜 애송이의 미끼를 물었다
옆에 있던 노련한 낚시꾼이 애 낚싯대에
잡혀 나오는 큰 메기를 보고
"노망한 메기 저런 꼬마한테 잡히다니"라며 눈흘긴다

가끔 맞지 않는 계산
틀릴 것 같은 옳은 답
그런 엉뚱함 때문에 세상이 재미있다
똑똑한 만큼, 잘난 만큼이 아니고
가끔 어수룩하고 낮은 곳으로 모여 드는 행운
친구 사귐에도 계산이 앞서고
사랑에도 이해타산이 우선되는
날로 치밀해지는 처세법

배움은 좋은 것인데 꼭 배워야 할 것보다
배우지 말아야 할 것부터 먼저 배워서

배울수록 더 서글퍼지고
주는 만큼보다
더 크게 되돌아와야 하는 계산
정답 같은 오산
이 공허의 씨앗들

이제부터 숨겨져 있는 남은 행운들은
약지 못한 느리고 서툰 사람들의 몫이길.

태풍 그 이후

텔레비전 인기 있는 Talk Show에서
유방암을 극복하고 삼 년 만에 무대로 복귀한
어느 여가수와의 대담에
청취자들이 많은 환호를 보냈다
이전보다 더 다이나믹한 가창력과
그녀의 넘치는 자신감이
앓기 전보다 더 폭발적인 인기몰이를 했다
3년 암 투병의 대가였다

동시에 루이지아나 카타리나 태풍 후
복구 현장 리포트에
한 작은 식당이
다시 영업하게 된 영상자료가 나왔다
그 장면을 본 시청자들로부터
많은 축하를 받았다
시골 한 작은 식당이
하루아침에 유명식당으로 변했다
태풍의 위력
폐허 속 소생의 힘

〈
인생의 태풍
그 누가 막으랴
오늘 살 에는 듯한 고통,
애통이 진정되면 기쁨의 싹틔우고.

우리들의 내일

다시 하얀
빈 화선지를 펴고
두 무릎 꿇고 앉았습니다
지나간 것들은 모두
보랏빛 그리움으로 물들이고
오늘은 찬란한 감사의 꽃을 피웁니다

동그란 지구 위에
정다운 이웃을 그려 넣고
손에 꼭 잡은 작은 사랑의 손길도
멍든 가슴 감싸 줄 분홍빛 하트도
밤하늘별같이
까르르 퍼지는 웃음도 그려 넣고
천천히 내일로 걸어갑시다

유구한 세월이 부끄럽지 않음은
신선한 삶의 고리가 있기 때문입니다
때때로 삶이 추해 보이는 것은
삶의 옷이 더러워진 까닭입니다

〈
헤어짐보다 더 많은 만남을
잃은 것보다 더 좋은 것을 준비하고
어두움의 산고로 희망을 분만케 하는
그분이 살피시고 계십니다

무한에서 유한으로
그 유한에서 무한으로 이어지는
내일의 오늘
오늘의 내일.

당신의 손

어린 산새 한 마리가
둥지에서 떨어져 펄떡인다
가만히 구원의 손길을 내밀었지만
두더지 구멍이 있는 데로 뒷걸음질 친다
위에는 부리 큰 산까치가 내려다보고
너구리도 노려보고 있는데
어린 시절 세상 무서운 줄 모르고
부모가 내밀었던 손을
구속으로 알고 피했듯이

보이지 않는 거대한 손이 있다
때로는 그 손 보이기도 했다
잡을 때가 많았지만
내민 그의 큰손을 외면하기도 했다

오늘은 막내가
어린 산새처럼
내가 내민 손을 거절한다
잡아야 할 손

뿌리쳐야 할 손을
분별하지 못하고
어리석었던 내 소견이
그 어진 손을
선뜻 잡지 못하고 머뭇거렸듯이.

고혈압

내 핏줄은
몸 밖으로 나오면 더듬이로 변한다
그 더듬이는 자식들이 있는 곳이면
지구 끝까지 뻗어 참견한다
그래도 기운이 남아
동네 간섭 나라 걱정하다 보면
혈압이 오르내리기 한두 번이 아니다

이제 부질없는 더듬이일랑 다 접어야 한다
혀끝의 오각의 향연도 그치고
입맛 아닌 몸맛으로 배 채우고
갈 곳 설자리도 가려야 하고
꼬집혀도 화내지 말고
좋아도 크게 티 내지 말아야 한다
말수도 줄이고 목청도 낮추고
허공에 노 젓는 일도 삼가고
이 모든 경고에 복종하며
낮은 곳의 평안함을 누릴 때다

〈

나를 철들게 하고
성질을 조신하게 길들이는 데는
고혈압이 명약이다.

모월 모일

어제는
오늘을 몰라서 행복했었네
오늘은
내일을 몰라 행복하네
온종일 벌 나비 복사꽃 간질이며 놀듯
화낼 일이 없고
우는 새는 없고
노래하는 새들뿐이었다
오늘은 천년만년 살아야 하는 세상이라
세상 떠나는 사람들이 너무 억울해 보였다

어제는
오늘을 몰라 슬펐네

과거에 걸려 있는 넝마 같은 기억들
아무도 내일 얘기를 들려주지 않았고
새들도 울기만 했다
세상 떠나는 사람들이 참 편해 보였다

〈

행복은 불행을 딛고 일어서고
불행은 행복을 스쳐만 갔다
죽고 사는 것을
그 둘의 차이는
종잇장 한 장 차이
바람은 행복의 몸짓인가
슬픈 몸부림인가.

내 눈을 위하여

눈은 처음부터 나를 위해 존재했었다
그러나 이제부터 눈을 위해 내가 있어야 한다
시력이 2.0이었을 때 세상과
지금은 다른 세상이다
내 시력 탓일까

완전히 다른 두 눈의 시력 탓에
때로는 좋은 눈의 시야까지 흐리게 한다
그래도 한 눈보다는 두 눈이 낫다
눈을 감으면 눈이 아니어도
자꾸 감아 줘야 좋아한단다
안과의사가 "컴퓨터 많이 쓰죠?"
고개를 젓는다
컴퓨터도 싫어하고, 책 많이 읽어도 화내는 눈,
딱 게으르게 살아라 한다

눈이 나더러
열심히 공부하고 일 시킬 때는 놀고
그냥 놀라하니 뭘 자꾸 하고 싶다

눈이 날보고 청개구리라 한다
내가 눈을 위해 사는 것이
내가 사는 것이다.

장마

장마가 기어이 홍수로 변해
산하를 지나갔다
물로 받은 재난을 물로 씻어내듯
세 번 이혼한 힐다는
사랑은 사랑으로 치유한다며
라스베가스 가서 또 결혼식을 올렸다
사무실 창밖 나뭇가지에는
새 두 마리가 입술 터지도록 입 맞추고
사무실 안에 힐다는 남편에게 "사랑한다"는 말을
장마 비처럼 퍼부으며 전화에 대고 뽀뽀를 한다
그런데 그 사랑의 둑이 무너지기 시작했다

사랑은 때맞춰 적셔주는
스프링클러가 아니다
사랑한다는 말을 장대비같이 퍼부어도
젖지 않는 가슴 가슴들
평생 사랑한다는 말 듣지도 하지도 않아도
부부라는 밧줄로 동여매고 가정을 지켜온 부모님들,

본 대로 들은 대로 살아온 우리의 53년

장마 비 애정표현
그 허상들
단비가 지치면 장마가 되듯
사랑인 줄 알아도
사랑 같지 않으면 홍수로 범람하거늘
사랑은 애타는 목마름을 적셔주는 단비
오래 참는 것(신약 성경 고린도 전서13장 14절에서)
어떤 악천후에도 사랑의 둑은 무너지지 않는다.

별을 잊은 사람들에게

하늘을 잊고 살아서
별을 볼 수 없는지 모릅니다
뜰 앞에 나가 별 볼 시간이 없이
인공위성을 타고 별 보러 간다고 야단입니다

별빛을 가리는 것은 매연뿐 아닙니다
온갖 것들에 홀려버린 각막들
손에 잡히는 것만 좋아하는 탐욕
혼탁 속에 잠식되어 버린 마음들
할리우드 길바닥에 새겨진 별들을 보려고
두 눈에 불을 켭니다
그 별에는 빛이 없습니다

밤낮으로 컴퓨터, TV, Cell phon으로
모든 것을 해결하는 눈에 별이 보입니까
온종일 허기진 몸으로 노동을 하고
이웃으로 등 돌림을 받는 이들이여
밤하늘을 보라
삶은 아름다우나 그 옷이 더러우니

그대들의 하소연 들어줄 별을 기억하라

사랑의 애절함도
멀리서 깜빡이는 그리움
손에 닿지 않아 욕심낼 수 없는
나의 것, 모두의 것,
마주 앉아서도 얘기하지 않는 세상에서
멀어도 속삭일 수 있는 별과 나
청명한 눈으로 별을 바라보며
윤동주의 "별 헤이는 밤"만 기억할 수 있어도
당신은 멋있는 사람입니다.

사슴 가족

사슴 한 가족이
겁도 없이 우리 산장을 제 집인 양
아침저녁 휘젓고 다니면
나는 세든 사람처럼 눈치를 본다

사냥꾼들이 제일 먼저
노리는 동물이 사슴이라
온 가족이 다니면 위험할 텐데도
어미를 졸졸 따라다니는 새끼들이 기특하다
늙은 부모와 같이 다니기 좋아하는 아들들이
그 얼마나 될까

한 지붕 아래 살아도
서로의 방에 있는지조차 모르는 식구들
바쁜 것이 정당한 이유이다
미국이 너무 넓고
세계가 너무 좁다
얼마나 잘 살려고 그리 분주한지
서로 모르는 척해도

다 알고 있어도
가슴 결리는 사랑

늘 돌보시는
그분을 앞세우고
우리 온 가족이
우리 산장 사슴 가족처럼
세상 속에서 당당하게 살기를.

에덴을 꿈꾸며

도처에 지진이 나고
바다가 노해 땅을 휩쓸고
산불의 검은 연기가
해와 달빛을 가려
지난밤 꿈에도 이 지구를 떠나
낯선 별나라로 도망 다녔습니다

알고 있는 것
가진 것으로 한계 긋지 못하는
과학의 이기가 하늘을 범하고
사악한 지식은 악의 악을 낳고
아가들의 밥그릇마저 빼앗아
죽음의 재로 만드는 저 북녘땅
누가 얼마나 더 많이 사람을 잘 죽이나
한 판 내기 판에서
평화는 도깨비탈일 뿐입니다

거기 엄마 품에 고이 잠든 아가들이 있고

하나님을 의지하는 이들이 있고
옷과 마음을 찢으며
형제의 죄를 회개하는 사랑이 있어
아직 얼굴을 돌리시지 않는
그분의 큰손
하얀 비둘기가 배회하고 있습니다

에덴이 그립습니다
에덴을 꿈꾸며
잠들게 해 주소서.

비밀

당신은
산안개 속에 얼굴을 가린
태산입니다

가을비는 내리는데
겹겹이 포개 앉은
험험 산봉우리를
돌고, 감돌며
당신을 부릅니다

안개 속에
금광석은 눈부시지 않아도
당신의
청청한 가슴은
가릴 수 없습니다

당신은
안개 속에 숨겨진
나의 산성이요
나의 방패입니다.

4부

젖지 않는 마음들

용서

어제는 금혼식에 다녀오고
오늘은 훌륭한 젊은이의 장례식에 다녀왔다
사막에 때 아닌 가을비가 퍼부었다
나무들은 휘청거리고 꽃들은 기절하고
아스팔트도 물바다로 변했다

젖지 않는 것은 사람뿐이었다
눈물도 수은방울처럼
도르르 굴러다녔다
사람과 사람 사이 사랑이 있다

삶의 파편
슬픔은 기쁨을 삼키고
기쁨은 슬픔을 덮쳐보았다
서정의 본질과 현실이 포옹하며
젖어야 할 때다
젖을 수 없는 감성은 용서받아야 하느니.

찻잔

몸이 작다고
작은 것이 아니다
모든 사상이 잠길 수 있는 깊이
그보다 더 큰 그릇 있으랴
아스라한 기억 서린 찻잔에
나를 비춰보면
그 위에
고운 벗들의 얼굴이
겹겹이 포개진다

슬픔도 아름답고
아름다움도 슬퍼지는
그리운 추억들이
아련히 피어오르면
어느새 양 귓불에
물오른 연보랏빛

잔끼리 부딪치면
소리로 사라져도

눈빛으로 부딪치면
가슴에 남는다

나의 눈에서
당신의 얼굴이 멀어지면
나는 당신을
가슴으로 품을 것이니.

수국

윤동주 기일 추모 시 낭송회에
보라색 수국 화분이 배달되었다
곱고 밝은 보라색으로 피지 못한
슬픈 보라색
낭송하는 "시"마다
모두의 가슴을 서럽게 멍들게 했다

화분에 붙어 있는 엽서를 열어보니
윤동주의 후배, 작은 교회를 섬기고 있는
목사가 보낸 것이다
그의 하고 싶은 말들이
할 수 없는 말들도 꽃잎에서 떨고 있다

말 못 하고 가슴 앓았던
우리들 가슴에 피멍 들게 한
윤동주의 서정시
오늘
슬픈 수국으로 피어 말했다
수국처럼 슬프게 아름다운
"서시"에서 시작해 "쉽게 쓰여진 시"로
끝난 추모회.

사막에 내리는 비

후두둑 후두둑
더벅머리 산 총각이
이른 아침 세수하며 뿜어내는 소리
수정 같은 물방울 튀겨
봄 처녀 일깨우고
간밤에 땅속에서 일어난 정사들
여린 뿌리 간지러워
꼼짝거리면
쪽빛 하늘 구름 사이
해맑은 미소.

반달

언제 그렇게 가득 차게
사랑했던가
진정한 사랑이었다면
둥글지 못해도
거기 그 반절 위에
두 몸 포개져 있으리

언제 빈 가슴 채워준
친구였던 때가 있었던가
그 우정 진심이었으면
먼저 그 빈 반을 채워
만월이 되었으리라

우리 사랑
다독여 온 우정으로
매일 그 반을 채우노라면
나날이 사위어가는
보름달은
반달보다 크지 않으니.

짧아지지 않는 '시'

이제 남은 날만큼
"시"도 짧아져야 한다
조여지지 않는 생각으로
에둘러 온 세월의 변명
느슨한 현의 탁음으로
글 쓰는 일은 부끄러운 것

철없이 질러가고 싶었던 성급함
쉬운 길도 돌고 돌며
느린 걸음이 오히려 지름길이었거늘
더 이상 잔뿌리 내리지 못하는
아둔한 고목

폐기물이 된 이상향 앞에
말의 부질없음이
나이를 달래고 타이르고
남은 여백이 명줄인데도
채우지 못해 안달하며
짧아지지 않는 "시"로
스스로 명줄 자르네.

나와 새의 관계

산새 가족이
늘 내 사무실 창가에 찾아온다
빨간 가슴이 곱고 애처로워
반가워 눈인사로 사랑을 전하며 지냈다
요즘은 그 작은 새가
새끼를 쳐서 대가족으로 나타나
내 애정을 시험한다

그 어미 새를 보며
철부지가 시집을 가고
겁도 없이 어린애들 끌고
태평양 건넜던
가녀렸던 나를 생각하면서
애잔하게 어미 새를 칭찬했다

그런데 그 새 가족들이
어느 날 막 싹틔우는 내 상추를
제 밭처럼 다 쪼아 먹고 있었다
어이 어이 총소리 같은 소리를 질러며

어느새 그들은
나의 적이 되고 말았다

그렇게 나는
속물 인간이 되고 말았다.

그믐

무슨 까닭일까
오늘은
낮은 음표보다
옥타브 더 낮은 바람이
산 그림자를 집적이고 있다
원고 마감은 다가오는데
원고지는 채워지지 않고

기어이 비가 내려
내 망막을 적신다
그제야
제자리표 산울림으로 퍼지니
오래된 난로의
장작 타는 소리

더 낮고 고요하게
더 무겁고 어둡게
흔적 가시려 해도
놓지 못하는 아쉬움

숨기고 숨겨도
숨겨지지 않는 것을 품으며
폐경 후에도 줄어들지 않는
자궁처럼.

네카강

태고의 정적을 깨우는가
황혼에 잦아드는
세월로 헹궈 온 무쇠 종소리
무얼 보러 왔느냐고
산안개 덮여 와도
종소리에 목욕하고
발가벗고 서 있는 하이델베르크 옛 성

검푸른 역사를 풀어놓고
육중한 옛 바위 성도 띄어놓은
세상에서 가장 무거운 강물
젊은 베르테르의 슬픔
황태자의 첫사랑도 녹아버린
뒷짐 지고 걸어온 길 되돌아보면
그다지 슬픈 일도
그리 신이 날 일도 없었던 것을

이승과 저승을 걸쳐놓은
무아의 네카강 다리

모든 것을 알고도 모르는 척
돌 교각에 끼인 우수의 묵은 이끼
축배 들던 시간들 바스러져
은빛 강물로 흐른다

나이 들수록
젊어지는 네카강*
잠시 머물다 간 나그네
천년을 살고 간다.

*네카강 : 독일 하이델베르크 성 앞에 흐르는 강.

가슴 빨간 새

깊은 산중에
저희끼리 살면서
심장 찢을 일이 있을까
사노라면 노래 부를 때도 있고
노래가 울음이 되기도 하련만
가슴에 피 터지도록
서로 쪼는 일이 사는 일인가

입이 큰 새들은
이상한 무서운 눈빛으로
거침없이 먹이를 낚아채 가고
부리 작은 멧새들은
남의 소문 질에 배고픈 줄 모른다

세상을 피해 산에 와서도
눈 부라리며 아귀다툼하면
그 무슨 소용이랴
피해 온 것들이 산속에도 있고
산속이 그들을 그립게 하느니

빨강 가슴 새야
가늠할 수 있는 아픔이면
그냥 산에서 살자.

홍매화 2

"시"를 팔아
따뜻한 국물로 목을 데울 수 있다면
얼었던 목줄이 따갑게 녹을 것이다
궁한 볕 쏘이며
언 가지 쪼개는 따가움
피는 것은 아름다운 만큼 아프고
사는 것은 아픈 만큼 아름답다

홍매화 빛깔처럼
진한 고통이라면
그 무엇인들 곱지 않으랴
삶의 꽃샘바람
행복의 시새움
사랑의 시련이어라
사랑하는 만큼 인내하면
그만큼 사랑스러우리.

열매

어린 대추나무가
너무 많은 열매를 맺어
가지가 찢어졌다
자신의 용량을 모르고
턱없이 욕심 부리다 모두 잃어버리는
어리석은 사람들 같다
아직 추고하고 있는 시들만 빽빽한
나의 시작 노트,

열매는 맺는 것보다
다 익히는 것이 더 중요하다
찢겨진 가지에서 퍼렇게 말라가는
대추도 아까워 버리지 못하는 미련
작품 청탁을 받고도
컴퓨터 밖으로 꺼내 놓을 수 없는
떫은 나의
작품들.

겨울 나그네

창밖에 모든 것들이 엄숙하고
지붕이 더 고마운 날이다
찬비 맞는 것들을 걱정하며
실내 화분에 물을 준다

우산 찾는 사람은
찬비라도 흠뻑 맞아보고 싶은
심정 모를 것이고
애타는 가슴은
언 가슴 모를 것이다

작년에 아내를 보냈다는
８０노인이
몇 십 년 둘의 집이었던 RV를 타고
그녀와 다녔던 대륙을 헤매다가
밤비 맞으며 우리 산장으로 왔다
마음속에 살아 있는 아내를 찾아
오늘도 헤매고 다녔노라며
예전처럼 체크인 서류에 아내 이름도 써넣었다

그에게 "솔베이지"의 노래를 들려주고 싶었다

비 오는
산장의 겨울밤
아픔도 젖고
그리운 추억도 젖고
아내를 만나는 꿈도 젖고
젖고 젖어라.

안구건조증

뉴욕 뮤직홀에서 열린
Andre Rieu의 연주를 인터넷으로 감상했다
바이올린 현으로 대중음악 My Way를
어떻게 표현할까 의아스러웠다
그러나 처음부터 연주자의 표정
심상치 않은 뮤직홀의 분위기
동원된 연주 인원들의 그 화려함이
어마어마한 대곡의 연주장 같았다
연주가 시작되고 장면 장면이 연결되는 중에
연주에 취해 눈물을 글썽이는
한 노신사의 얼굴이 클로즈업되어 화면을 채웠다
그의 이마의 주름은
바이올린이 지닌 세월의 장
그가 살아온 인생에 걸린 현이었다
눈언저리를 넘지 못하고
그득히 고인 눈물은
화려한 무대 위 어느 장식품보다 영롱했다
어느새 안구건조증이 있는 내 눈도 젖었다
울어도 예쁠 때가 있었다

지금은 마음대로 울 수도
울어도 흘릴 눈물이 없다
안구건조증보다 더 심각한 증세는
가슴까지 메마른 정서다
울음도 웃음만큼 건강에 좋다는데
울고 싶어라
고귀하고 아름다운 눈물이여.

정구지 꽃

왜 하필 풀을 닮았을까
그렇다고 풀처럼 편히 살지도 못하고
베이고 베이며 버텼다
사는 일이 늘 알싸하고 매웠다
그림자는 떨고 떨며 눕기 바라지만
누울 만하면 뿌리만 남겨놓고 베어간다
빈약한 이파리
날카로운 소갈딱지
다른 채소들처럼
제 혼자 폼 내며
밥상에 올라앉아 본 적 있는가
그 매운맛마저 지니지 못했더라면
베어 줄 것이라도 있었겠는가
매운 삶 벗어보자고
꽃이 되었어도
아무도 눈여겨보는 이 없는데
한가위 달 제빛 풀어
입 맞춰 준다
내가 아닌 것이 나였고
그 밤 처음 꽃이 되어보았네.

나사못

기둥에 박힌 열쇠고리가 자꾸 빠져서
든든한 자물통도 소용없다
잠그고 열며 돌리기를 그 몇 번이었을까
단단히 붙어 있으라고
날카롭게 날 세워
깊숙이 박았는데
기둥이 삭으니
그 날카롭고 깊은 골이
어찌 세월을 고정시키랴

깊은 학문도
날카로운 예지도
삭아지는 기둥에는 소용이 없다
제아무리 나사못이 단단한들
무슨 소용이랴
사랑인들 조일 수 있으랴
그리움인들 껴안을 수 있으랴
애쓸수록 더 느슨해지는
세월의 못.

거미

까만 거미 한 마리가
나뭇가지에 진을 치고 기다린다
바람에 일렁이는 거미줄을 바라보며
해충이 걸리기 바랐다
그런데 낮에 백일홍 사이를 돌며
한나절 내 마음에 평화를 주던
잠자리가 그 거미줄에 걸렸다

나는 어디에
무슨 욕망의 망을 이루겠다고
떨어지고 떨어져 가며
거미같이 치고 또 치고 있는가

세상에는 잠자리같이 좋은 이들이
독 거미줄에 걸려 죽고
백해무익한 것들이
모든 거물을 피해 잘살고 있다
죽고 사는 것에
그 가치를 채점할 수 없지만
오래 살았다고 자랑할 일 아니다.

진달래를 찾아서

오랜만에 모국방문을 했다
가는 곳마다 꽃마을
그래도 굳이 진달래를 봐야겠다고
떼쓰는 나에게
꼬불꼬불 산모롱이를 돌며
하필 왜 진달래냐고 선배가 물었다
잎과 꽃이 서로 사랑할 수 없어
가는 님에게 뿌리는 가련한 꽃이고
예전에 제일 고왔던 참꽃인데
곳곳이 개발로 밀려 설 자리를 잃은 꽃
먹을 수도 있고
꾸미지 않은 야산에서 피는 꽃
더 붉어질 수 없어 슬픈 꽃
꽃집에서 잘살 수 없어서
사막에서는 피지 않는 꽃이라서
진달래가 피어야 진짜 한국의 봄이니까
진달래처럼 순박한 사람을 찾아서
추억을 찾아서
가신님을 찾아서.

고추잠자리

집값이 올라서 지붕에 짓눌리고
가스 값도 올라서
큰 차 때문에 헉헉대고
고기값이 올라 걱정하면서도 많이 먹고
살 빼느라 고생이 이만저만 아니다
사는 일은 무겁다
무거워도 더 젊어지려 애쓰는 일이
삶으로 안다

자유로워지고 싶으면서도
더 얽매이고
높아지고 싶어도
나를 수 없는 무게
떨쳐내지 못하는 욕망

한 올 실도 아껴
걸치기를 거부하며
이슬을 따도 몸을 적시지 않는
꽃가루마저 털어내는 고추잠자리

집도 짓지 않고 꽃에게도 추근거리지 않는
배내머리칼로 엮은 투명한 날개
소녀의 빈 수틀에
초경같이 고운 붉은 빛

가벼울수록
자유롭고
쉬 높이 나를 수 있는 것을.

■□ 해설

이성호 시집에 부치는 사족

최연홍(시인)

나는 워싱턴에서 오랫동안 문학 활동을 하고 있다. 80년대 초엽 로스엔젤레스 미주문인협회에 강연하러 갔을 때 이성호 시인을 만났다. 그 후 많은 문학 활동을 통해 30년 문우의 교류를 두텁게 쌓아오고 있다. 그래서 출판사로부터 이성호 시인의 시 해설을 부탁받았을 때 쾌히 이 글을 쓰기로 했다.

그녀는 시뿐 아니라 단편소설, 장편소설도 발표했고 로스엔젤레스 언론 매체에 시사적 문학적 엣세이도 많이 발표해 왔다. 그녀의 첫 시집 『캘리포니아 갈대』는 이성호 시인의 시적 상징이 되었다. 최근 그녀의 영문시집, Wayfarer, 나그네의 시편들을 영어로 번역하면서 그녀의 문학궤적을 다시 살펴보게 되었다.

한마디로 그녀의 시문학은 캘리포니아 갈대로부터 시작해 나그네까지 왔다. 아직 갈대밭에 머물러 있다. 여기 모인 시편들은 14년 전 산장에 들어와서 쓴 그녀의 노년의 시문학을 정리한 새 시집이다.

그녀는 갈대에서 출발한 듯하다. 갈대는 시적 대상이다. 한국 시인, 마종기에서 정호승까지 갈대를 노래하고 있다. 마종기는 "어디 모여 사는 것이 갈대뿐이냐"고 물었다. 이성호 시인도 갈대밭은 흔들리며 차가운 겨울을 함께 버티고 있지만 여전히 고향을 그리워하고 있다고 말한다. 그녀는 누가 감히 여자를 흔들리는 갈대라 표현했나 질책한다. 갈대는 꺾이지 않고 어느 폭풍우도 이겨내는 유연한 승리자라고 묘사하고 있다. 그러나 끝내 그 갈대도 고향을 사무치게 그리워하고 있다는 고독한 이민자의 노래다. 캘리포니아 갈대 이후 수많은 다른 갈대를 그녀는 시로 써 왔다. 이성호 시인의 고독이 갈대의 고독이다.

모여 살아도 따습지 않고
부비며 지나도 허허한 마음
하늘 휘저으며 몸부림쳐도
잊혀지지 않는 강산아
훌훌 갈꽃으로 날아가도
바람벽에 부딪치는 고향

서러운 바람결에
퉁소소리 들린다
날 부르는 소리
어제는 강마을 갯벌에서
야윈 갈대와 서걱 이다가
간밤에는 진달래 만발한
언덕에서 뒹굴었지

태평양 기슭
청석돌산 벼랑에 발돋움하고
망부석인 양
긴 목 드리우고
보랏빛 기별 기다린다

모여 살아도
그리움은 나날이 짙어가고
기대고 마주해도
돌아앉는 타인의 등
훌훌 갈꽃으로 날아가도
바람벽에 부딪히는 고향.

–「캘리포니아 갈대」 전문

그녀가 경영하고 있는 로스 안젤레스 북쪽 Recreational Vehicle Park을 방문한 적이 있다. Recreational Vehicle Park을 한국어로 번역하기 쉽지 않다. 왜 그러냐 하면 그런 공원이 한국에 아직 소개되지 않았기 때문이다. 자기 자동차 안에 먹고 자고 쉴 수 있는 시설이 들어있는 간이 호텔이나 이동식 자기 집이 캠프 그라운드로 모여든다. 소형 집체만한 큰 자동차를 몰며 미국의 방방곳곳을 찾아다니다 밤이 되면 그런 자동차들이 쉴 수 있는 공원을 찾아간다. 전기시설과 수도 시설을 연결해주는 사설 공원이다. 이런 공원은 도시에서 벗어난 한적한 야외에 노천에 있다. 그 시설의 주인이며 관리자가 이성호 시인이다. 그녀의 시에 나오는 갈대와 다른 시편들이 이 공간을 알지 못하면 잘 이해할 수 없다. 거기서 나그네의 애환도 보여주고 갈대밭의 정경도 보여준다. 그녀의 생활 공간은 어찌 보면 갈대밭이 전부이다. 나그네들의 만남과 헤어짐이 무수히 반복하는 삶 속에 그녀의 삶도 녹아 있다. 그녀가 만나는 미국인들의 이름이 시어로 등장한다. 그의 고객들이 그녀가 여류시인인 줄을 그녀가 펴낸 Wayfarer 나그네라는 시집에서 발견하고 있다. 한국계 여류시인의 문학이 미국인으로 확대되어 있다. 그래서 그녀는 한국문학의 전도사이다.

이 시집 속에 가장 강렬한 시편들이 거기서 나왔다. 「사열식 이후」라는 시가 그녀의 영문시집 속에서 강렬한 시편 가운데 하나다. 갈대의 식물학에 정통한 시인의 작품이다.

내가 9월을 기다리는 이유는
갈대가 피기 때문이다

우리 산장 입구 양편에
사열병처럼 도열하고 있는 갈대
모여 살아서 더 부유하고 아름다운
당당한 무색의 화려함이
지나간 시대 흑백 영화만큼 인상적이다
바람은 와서 부드럽게 머물다 간다
사열식 뒤로
푸른 하늘이 걸려있다

온몸으로 환영하는
너 앞에 서면
패잔병이었던 내가
어느새 개선장군이 된다
쏴아, 바람결에 들리는 승리의 노래
전쟁에서 살아나온 병사들이

보무도 당당하게 땅을 구르며
가슴 내밀고
나는 경건한 거수경례로 사열 받는다

황혼의 장엄한
그 사열식 뒤에
점점 짙어지는 그리움
못 다 이룬 사랑
흩날리는 갈꽃처럼
"아아, 아아, 너도 가고 나도 가야지"

–「사열식 이후」 전문

시는 시인이 살아온 삶의 산물이다. 시인이 살아온 삶의 결정체다. 시인의 삶이 바로 시가 되는 것은 아니다. 삶이 시로 전환되는 과정에 시적 변화, 발효가 있어야 한다. 시인은 자신의 삶을 시 속에서 해체해야 좋은 시를 빚어낼 수 있다. 삶의 경험이 그대로 시적 변용이나 발효과정 없이 나온다면 실화가 되겠지만 창작예술이 되기는 어렵다. 이성호는 그녀의 삶을 시로 전환하는 언어 예술을 터득한 듯 보인다.

이 시집의 제목이 된 「어디서 와서 어디로 가는가」

는 그녀의 수작이다. 폴 고갱의 그림 제목이기도 한 타히티 섬에서 그린 그림과 이성호의 시편은 한편의 시화전을 이루고 있다. 고갱이나 이성호뿐 아니라 누구나 한번쯤 심각하게 스스로에게 어디서 와서 어디로 가고 있는가 묻는다. 이 작품 역시 그녀의 삶의 현장에서 나온 결정체이다.

RV(캠핑카) Park에서 만나는 사람들은
첫인사, "어디서 왔다가 어디로 가는가"
어디에 있는 집으로 간다는 사람들은 여행자이고
철새처럼 철 따라 다니는 사람들은 캠핑차가 그들의 집
싯가 백만 달러가 넘는 호화 캠핑카도 있고
몇 천 달러짜리 낡고 작은 캠핑차도 있다
세상살이 어느 곳에나 빈부 차이 있지만
삶의 가치에 따라 행, 불행이 달라진다
여름이면 캠핑차를 빌려 미 전역을 여행하는
유럽 손님들까지 때로는 우리 리조트가 작은 우주 같기도 하다
처음 만나도 오랜 친구처럼 다정한 얘기를 나누는 이웃이다가
아침이면 모두 인사도 없이 제 갈 길로 떠난다

캠핑차가 집인 그들은 등록된 자기 땅이 없어도
어느 캠핑장이든 땅세를 내고 세우는 곳이 자기 땅이 된다
2년이면 미국을 한 바퀴 여유 있게 관광할 수 있다니
온 미국 땅이 그들의 것이고
손수 가꾸지 않아도 사계절 자연 경치를 만끽하며 산다
몇 십 년 같이 다니는 부부도 있고
생각과 생활의 공통분모 때문에 동거하는 쌍쌍도 많다
오늘 함께 살아도 언제 헤어질지 모르고
아예 다른 캠핑차로 같이 여행하는 싱글족도 많다
구구절절 사연 많은 사람들,

캠핑차를 타고 정처 없이 다니는 사람들만 나그네일까
이 땅에 잠시 머물다 떠날 때는
인사도 없이 가야 하는 우리들
“어디에서 왔다가 어디로 가는가”

고갱의 그림 한 폭.

–「어디서 왔다가 어디로 가는가」 전문

이성호 시인은 70대 중반의 내 동갑이다. 그녀는 그녀의 삶을 돌아보고 있다. 그녀가 살아온 삶 속에는 기독교적인 인생관이나 세계관이 나오며 그녀의 시어 속에는 기독교적인 언어들이 다수 등장한다. 저명한 목사의 딸로 태어나 새색시로 미국으로 건너와 유복한 삶을 누렸다 할지라도 가는 세월을 저지할 수는 없다. 그녀의 어머니는 100세를 살다가 가셨고 그녀는 이미 손자들을 본 나이에 이르렀다. 이 시집에는 애틋한 사모곡과 아들들의 어머니로서, 손자들의 할머니로서의 삶이 들어있다. 이 시집은 가족사적인 단면을 보여주고 있다. 그녀의 형제가 자주 등장한다. 이 시집이 한 가족을 하나의 갈대밭으로 모으고 있다. 그녀가 떠나온 조국과 하나의 갈대밭을 이루고 있다. 그녀가 만난 모든 인간 이웃들과 하나의 갈대밭을 만들고 있다.

"사막에 내리는 비"가 자주 그녀의 시에 등장한다. 사막에 내리는 비를 맞고 있으면 아직 사막이 살아있음을 알게 된다. 생명은 비에 젖어 살아난다. 비가 없으면 사막은 죽어버린다. 조금이라도 비가 내려야 선인장도 살고 꽃을 피운다. 사막에 내리는 비가 이성호를 가끔 사막에서 살려내는 활력이라고 생각한다.

이성호의 갈대는 정호승의 "흔들리지 않는 갈대" 옆에 놓을 만하다. 그녀 스스로 어린 갈대가 되어 강가에 나부끼고 있다. 사막을 살아있게 한다, 깃발처럼.